まえがき

けん三にとっての最初の言霊集「ちゃんとこうして 生かされている」を、２０００年に出版させて頂いてから、10年経ちました。私自身も、そして世の中も、大きく揺れ動いた日々でした。

都会へ都会へと流れる社会のすう勢に、あえて逆らうつもりは無かったのですが、この間北海道の、交通「至不便」な山峡過疎地に、言霊の常設展示館「けん三のことば館」を開設。２冊の日めくりことば集「いっしょに生きるって 素敵だよ」「そのままの自分が良いね　貴方と私」を製作。更に、ことば館を展示館のままクリニックに改装し独立開業してしまいました。

はたからは無謀な冒険にしか見えない、歩みだったかも知れません。でも、結果としてはやっと「しがらみ無く、心と体を癒し合える」場に導かれたと感じています。（病を抱いて訪れる方だけではなく、けん三自身も含めて皆が癒される場です）

一方で、この間世界は、９・11テロをきっかけにアフガン、イラクと戦火が拡がり、罪の無い幼子ら迄が犠牲となる報道にも「日常茶飯事」で接する、悲しい時代に突入してしまいました。

そして何故か、追い撃ちをかけるかのように、地震や津波、暴風や洪水と自然も荒れ狂い、「神も仏も無いものか……」と呟きたくなる歳月が続きました。

そんな中で人の心も荒んだのでしょうか。老若男女を問わず、互いのたった一つの、かけがえのない生命を粗末に扱う事例も、数限り無く見聞きするようになってしまいました。

もとより、単なる凡人に過ぎないけん三には、こんな時代を変革する力など与えられていません。それでも、このささやかな「ことば館」という場で、出会わせて頂く多くの生命が有ります。そしてそこで与えられる、ひたむきな言葉と涙と笑顔が、けん三の魂の奥底に「生きよ、生きよ」との言霊を宿らせてくれるのです。

その度に、もう一度「ああ、やはり神仏は、こんなにも人間を愛してくださっているのだ」と思い直し、導かれるままに歩んで行こうと、秘かに誓うのです。

この本に込められた、そんな数々の言霊が、皆様のそばに神仏と共に寄り添ってくれる事を、心から祈ってやみません。

２０１０年

けん三（さん）（下田　憲）

もしもあなたが
えがおを
なくして
しまったのなら
さがしに
いこうね
もういちど

けんぞう

苦労知らずの
人生なんて
味けないかも
知れません
悩む事無い
人生なんて
不幸なのかも
知れません

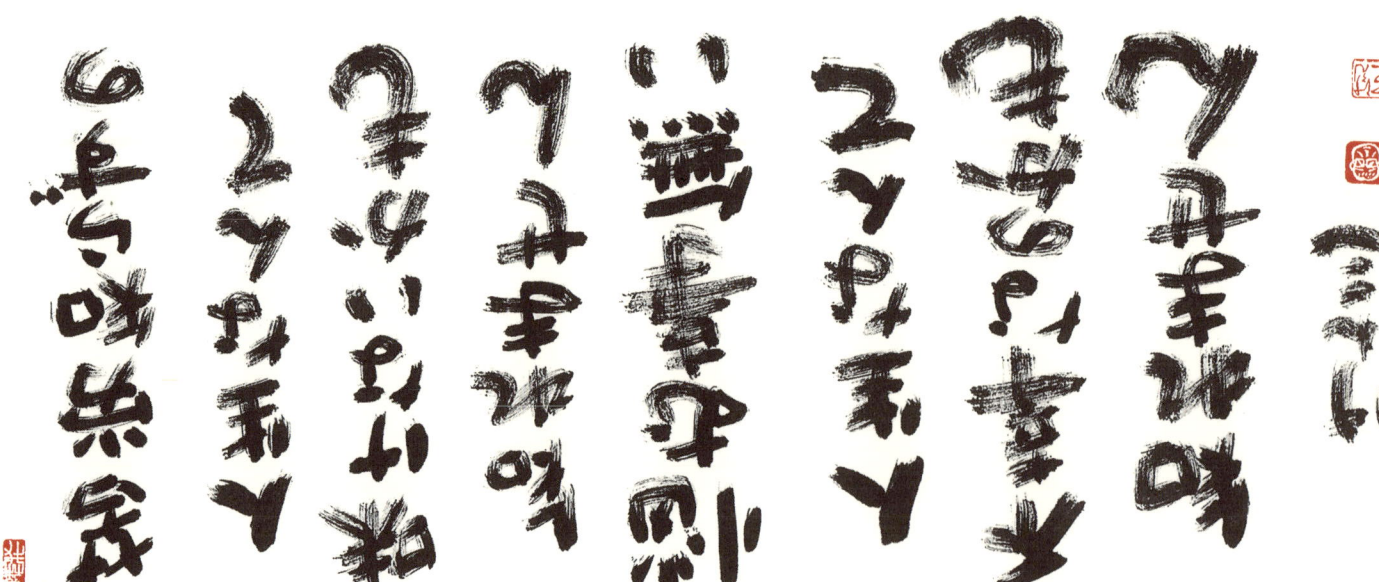

けんじ

だいじょうぶ
いつか分かるよ
あなたには
あなたの道（みち）が
ひらかれている

けんじ

ほんとうは
ひとりじゃないよ
生かされてるよ
泣いている
今のあなたに
見えないだけで

けん三

してもらうより
させていただくことで
えられる
ゆたかな
よろこびがある

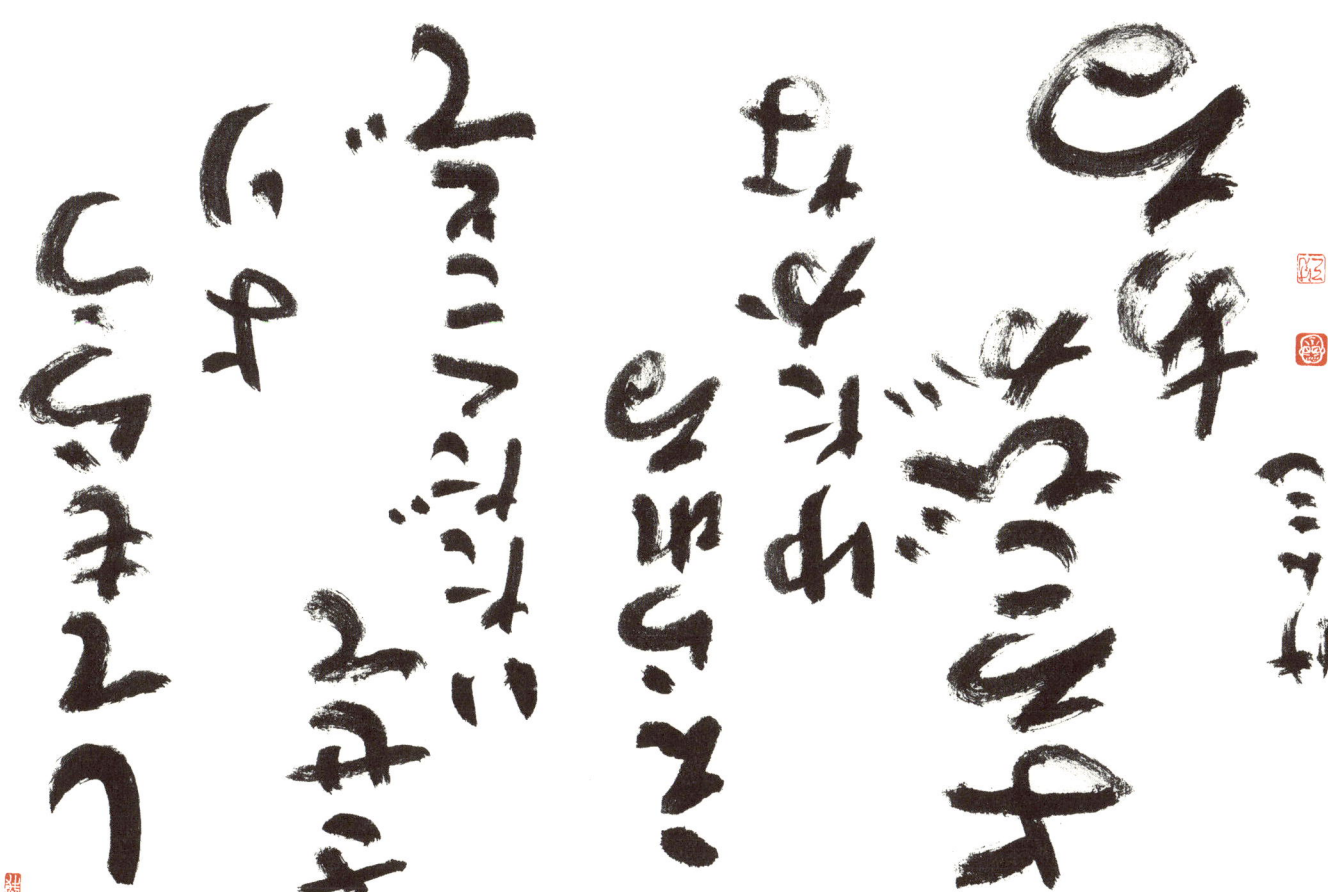

けんじ

切なさに耐える度
愛情が深くなり
困難（こんなん）を
越える度
絆が強くなる
そうありたいね

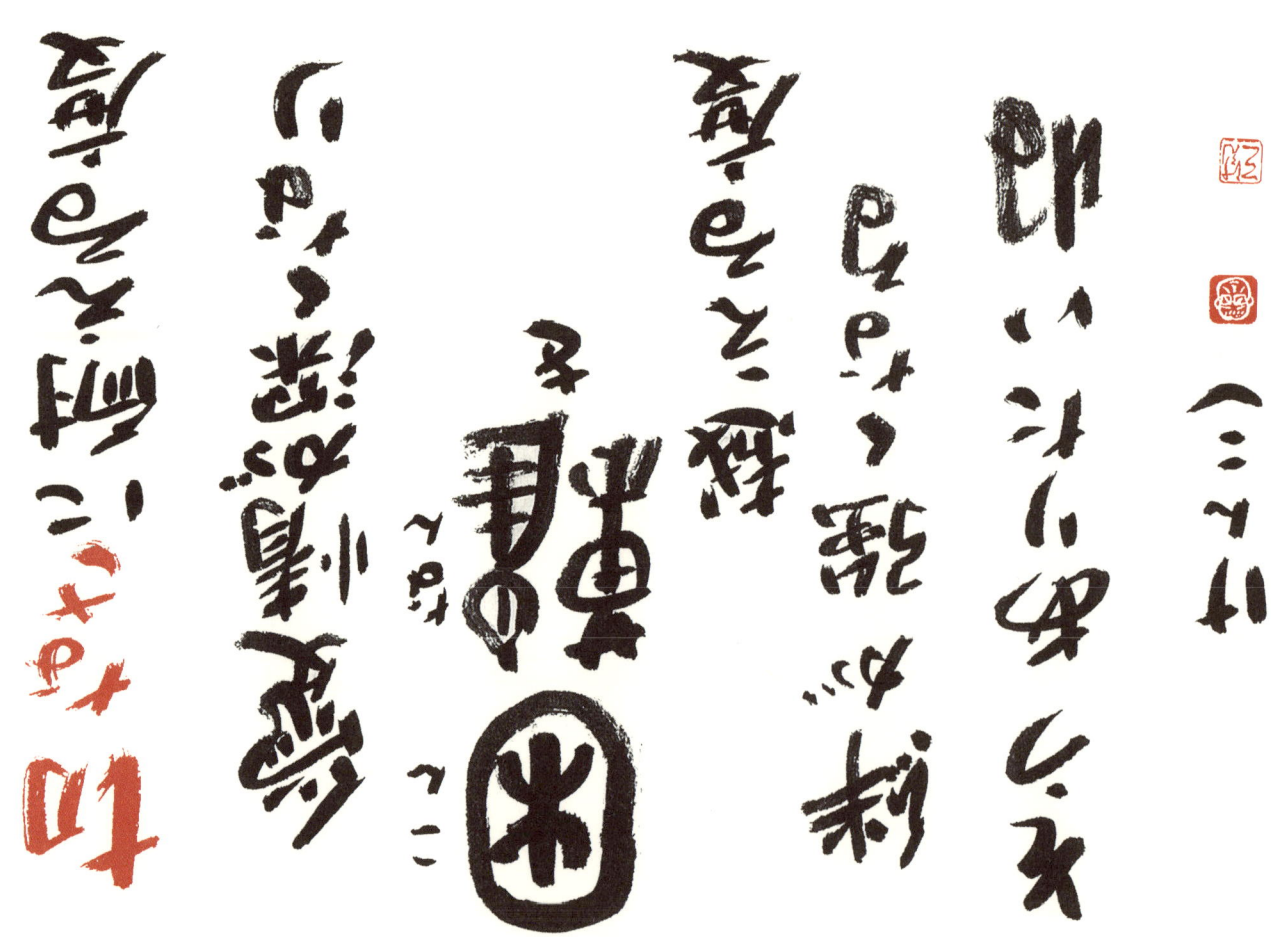

けん三

えがおで生きてる
あなたにあうたび
老いるって
とっても
すてきな
ことだとおもう

けんじ

たいせつな
いのちというもの
あなたにも
わたしにもひとつ
あたえられてる
けんじ

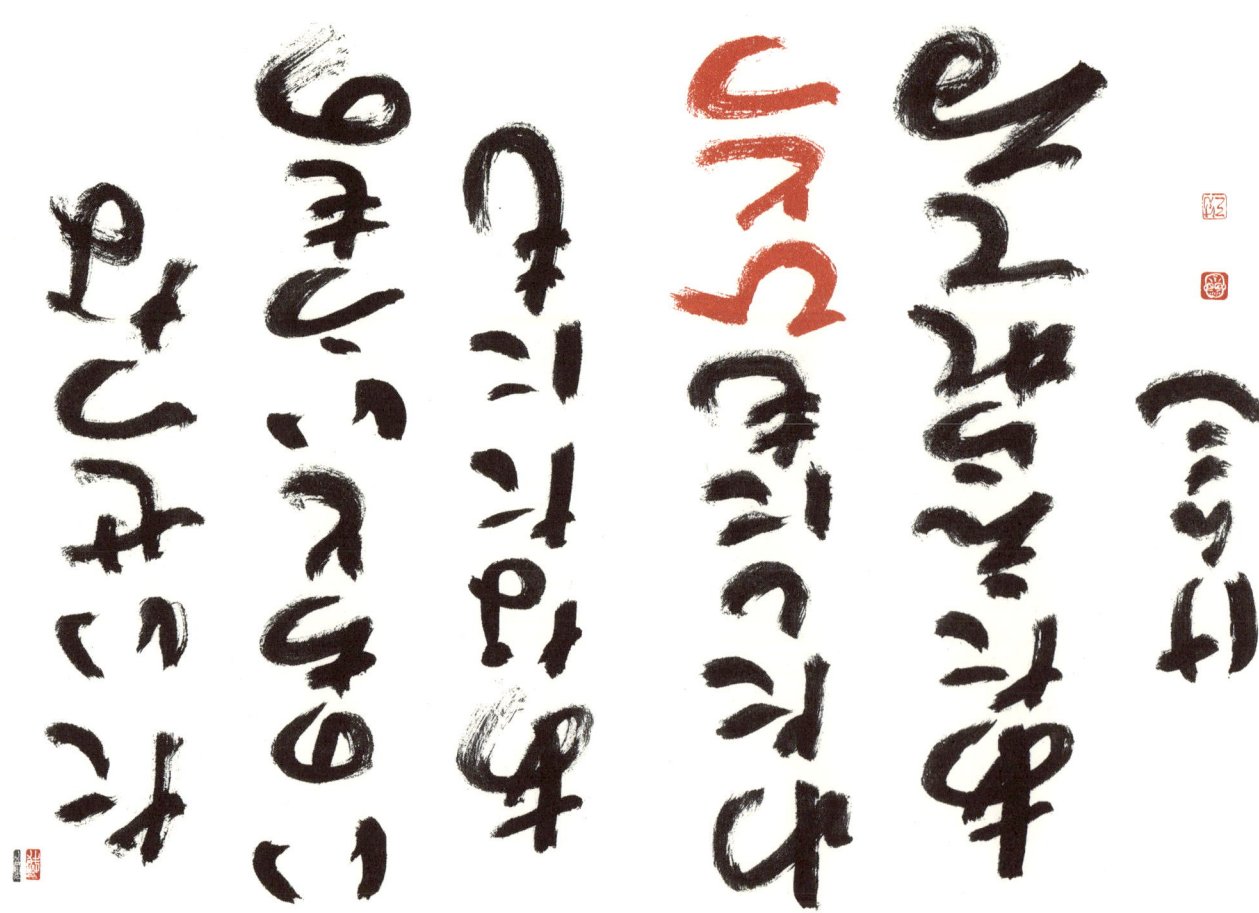

いみあって
空と大地の
あいだに
いるよ
冬空の
青さが
良いなあ
雪原の
白さが良いなあ
けんじ

愛したことで
悔やみはしない
憎(にく)んだことを
必ず人は
後から悔やむ

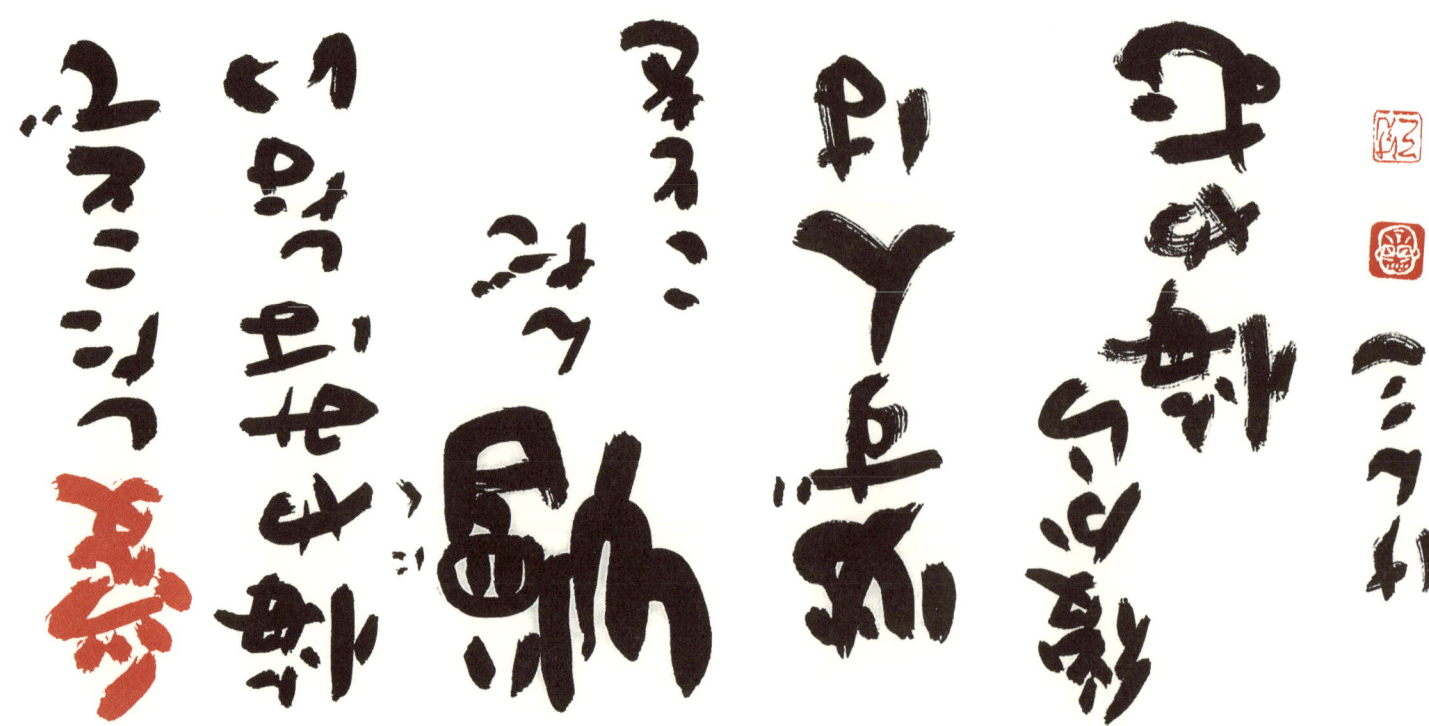

けんじ

ひたすらに
耐えひたすらに
待つという
してても深い
愛情が有る

けんじ

そばにいる
人をえがおに
することが
幸せ(しあわ)せに
近づく一歩
かも知れないね

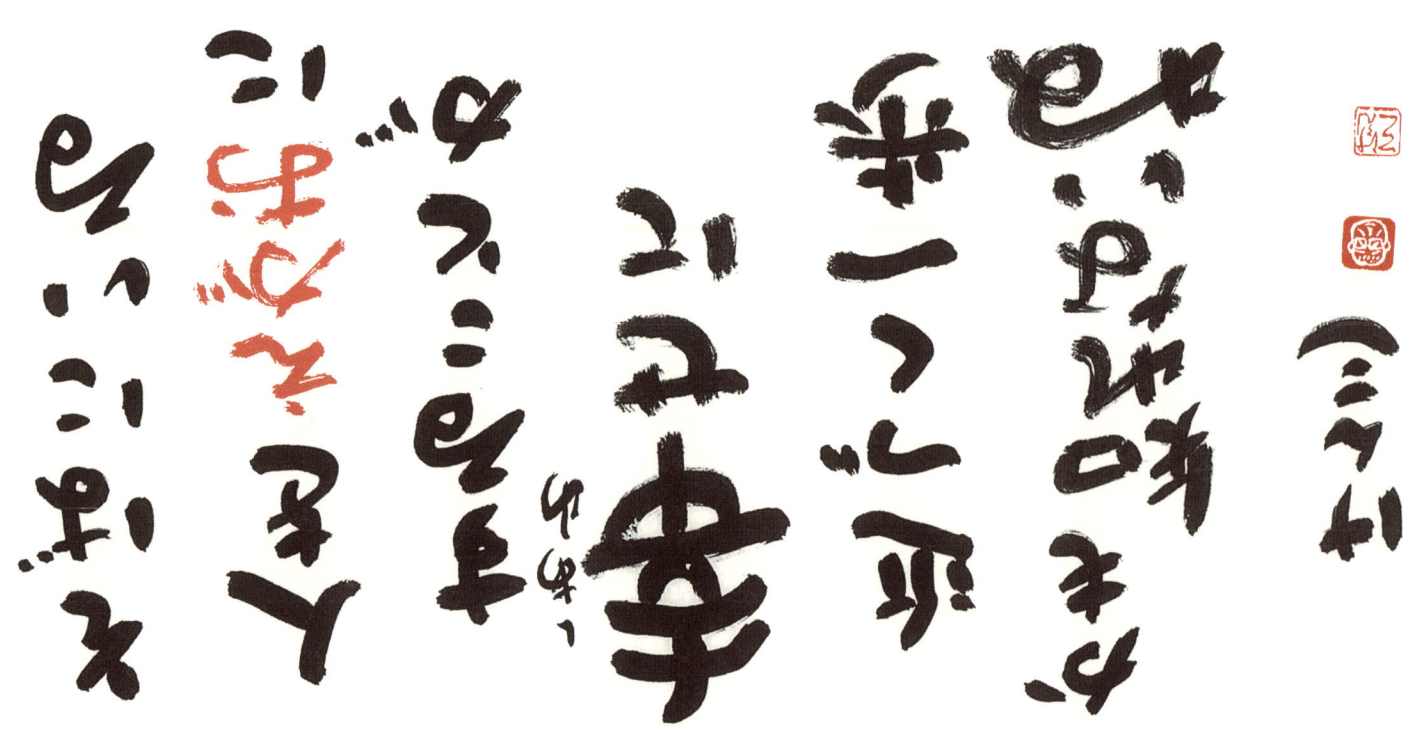

けんぞう

いつだって
弱い立場を
苦しめている
戦争に
正義（せいぎ）
など無い
絶対に無い

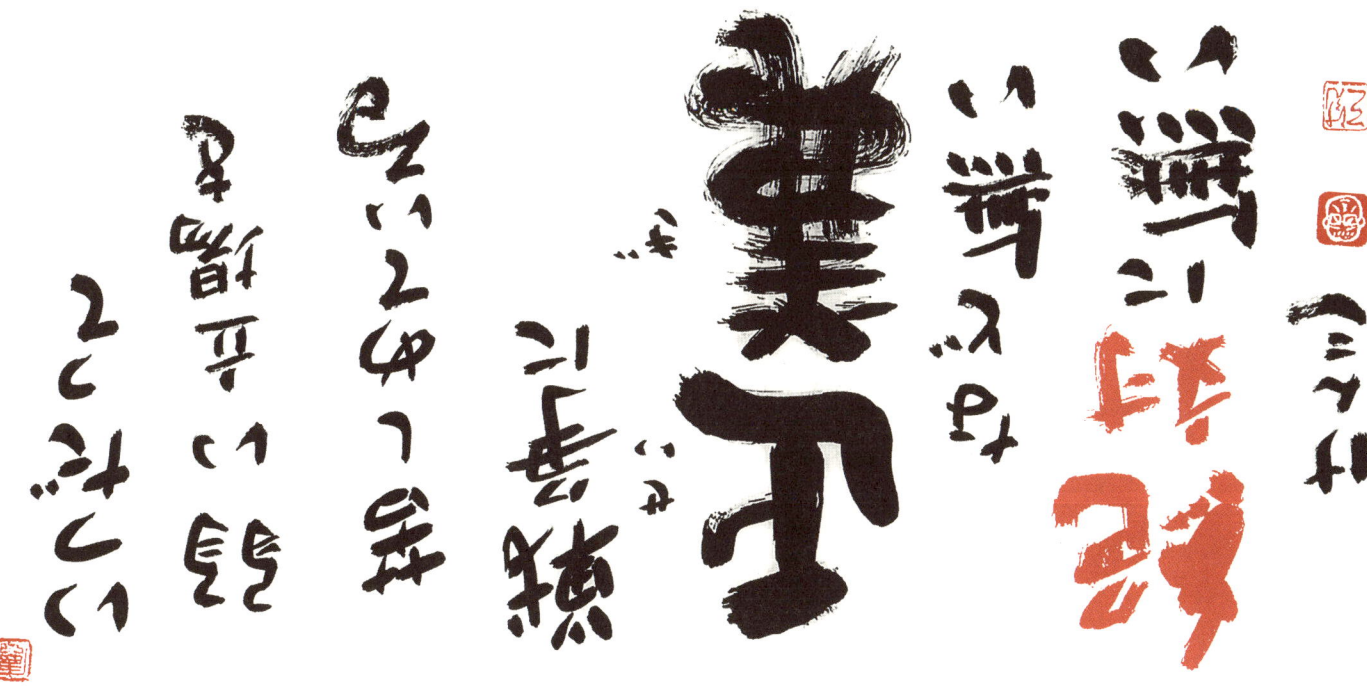

けんこう

喜びを分かちあい
悲しみも分けあおう
限りない優しさで
耐え忍び
待とう 赦そう
みな共にこの世に
生かされている
生命なんだもの

けん三

冬の寒さが
有ればこそ
春のよろこび
強くなる
人生そうかも
知れないね

けん三

うなだれて 
そんなに
じぶんを
せめないで
ただ ひたむきに
生きてきた
あなたを みんな
だいすきです

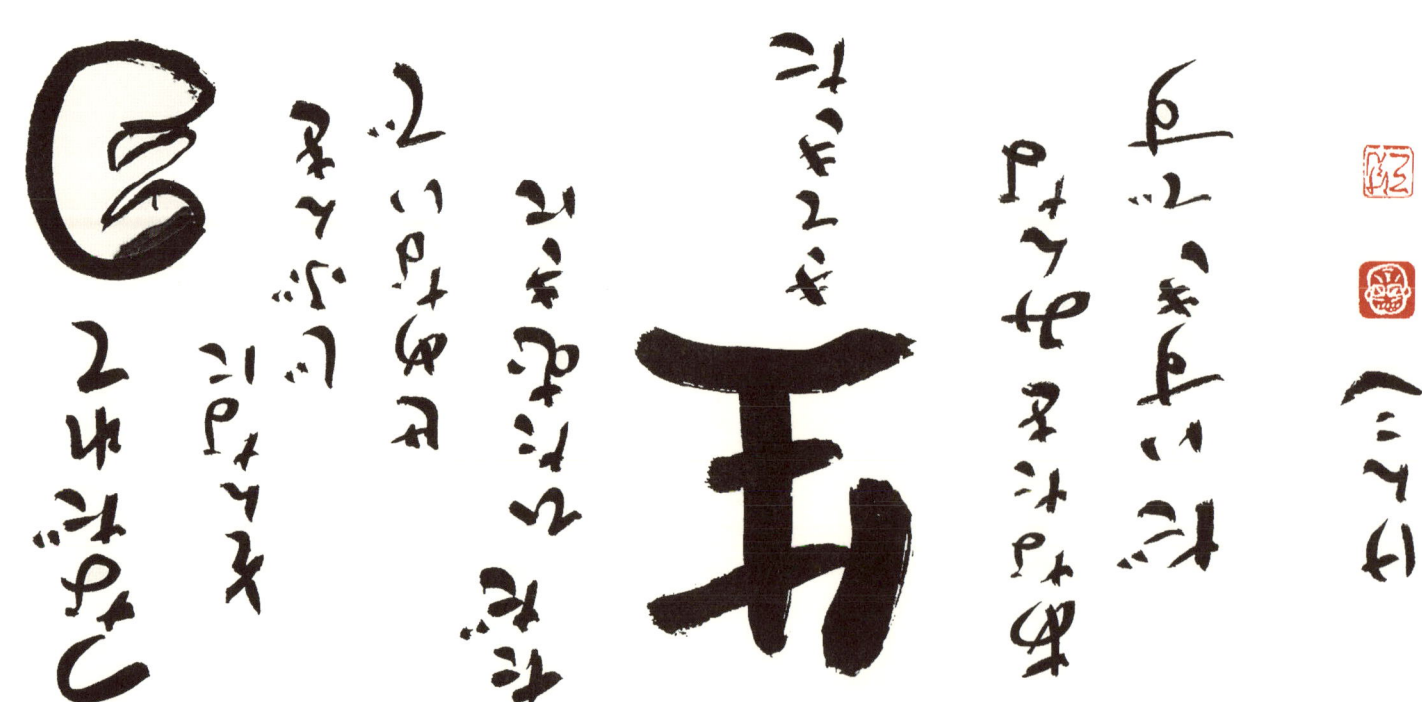

けんこ

病いがあるから
人生すてき
病(や)む人を
まん中にして
かぞくみんなの
あいじょうがひとつに
むすばれている

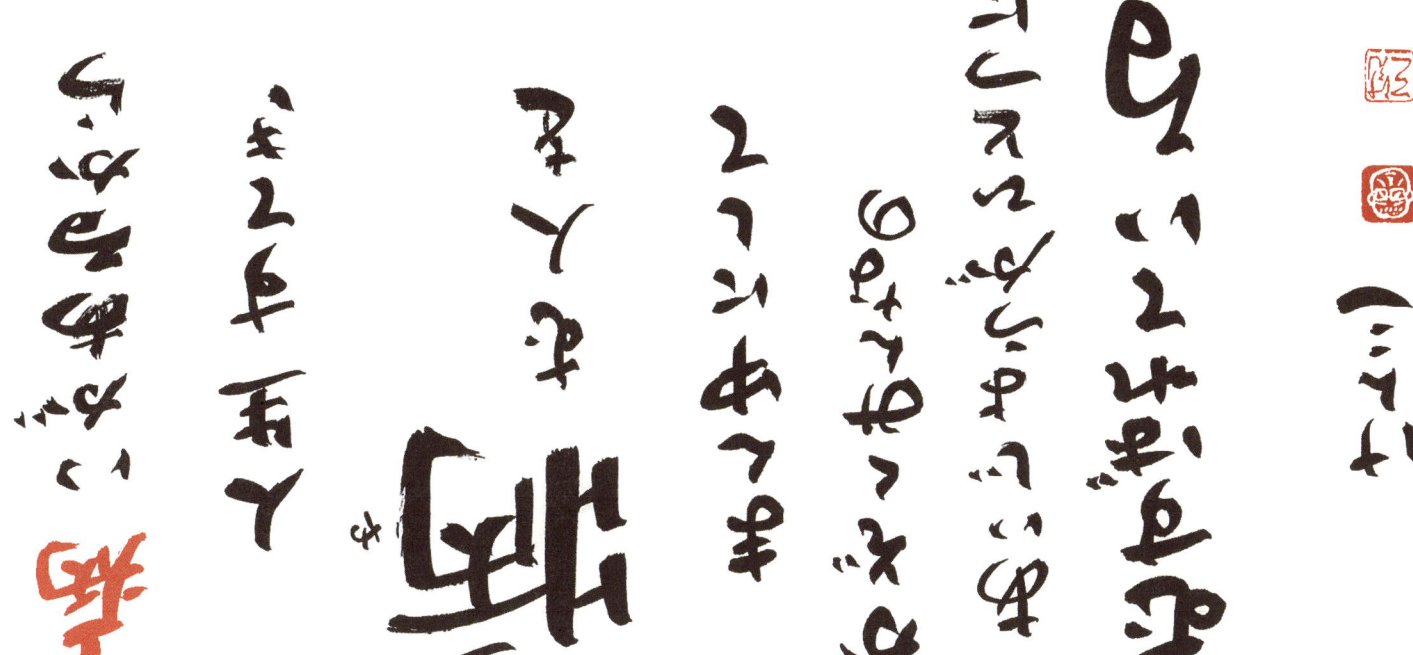

けんこう

体の力は
年ごとに
衰えて行く
だけど
心の力はね
一生高めて
行けるんだなあ

けん三

雪をとかす
春の日ざしが
有るように
心(こころ)をとかす
やさしいえがおを
私も
持ちたい

けんこう

私たちきっと
神仏から深く
愛されている
雪どけの大地に
ほらすてきな
花が咲いてる

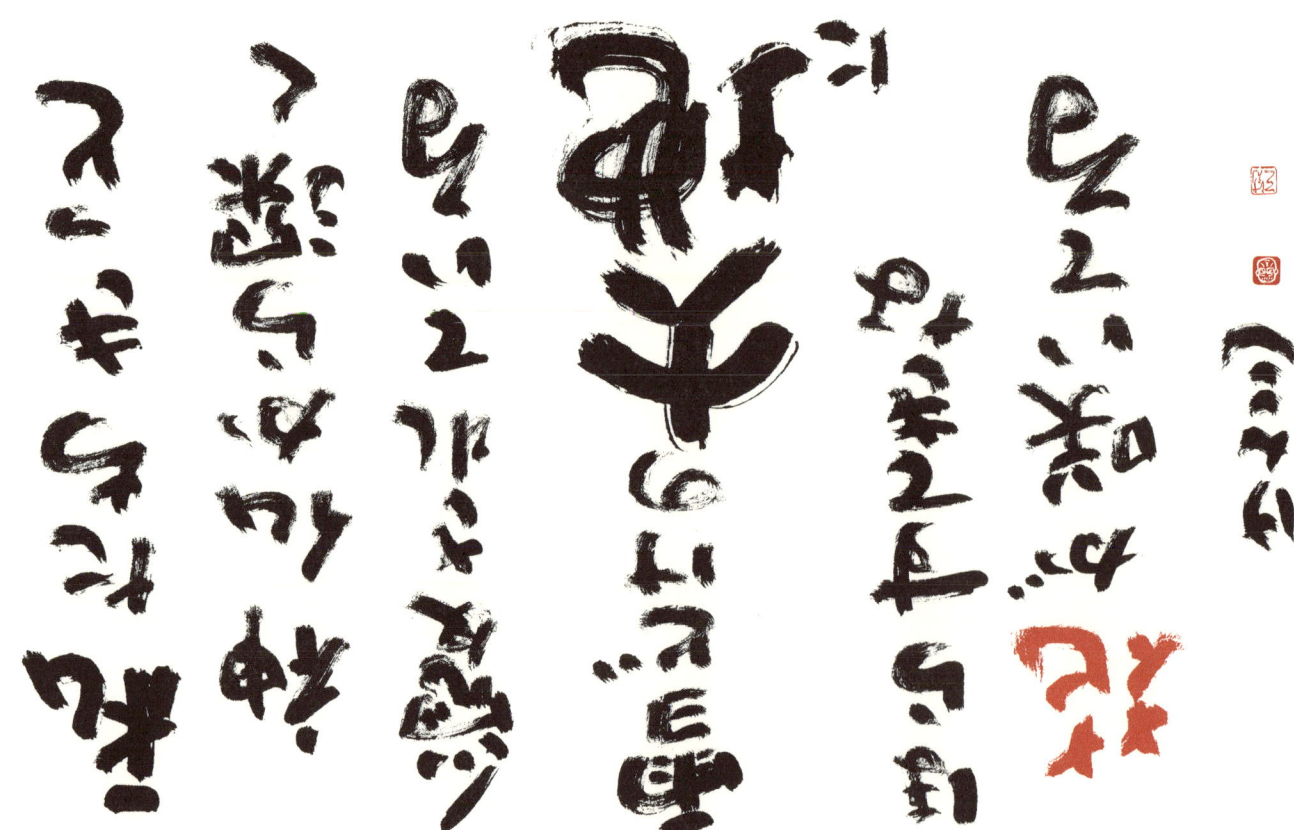

けんこう

こんな私でさえ
見すてられては
いない気がする
罪(つみ)作り
ばかりしている
こんな私でさえ

けんじ

お金では
買えない何か
大切な
ものが有ること
本当（ほんとう）は
分かっているはず
あなたも
私も

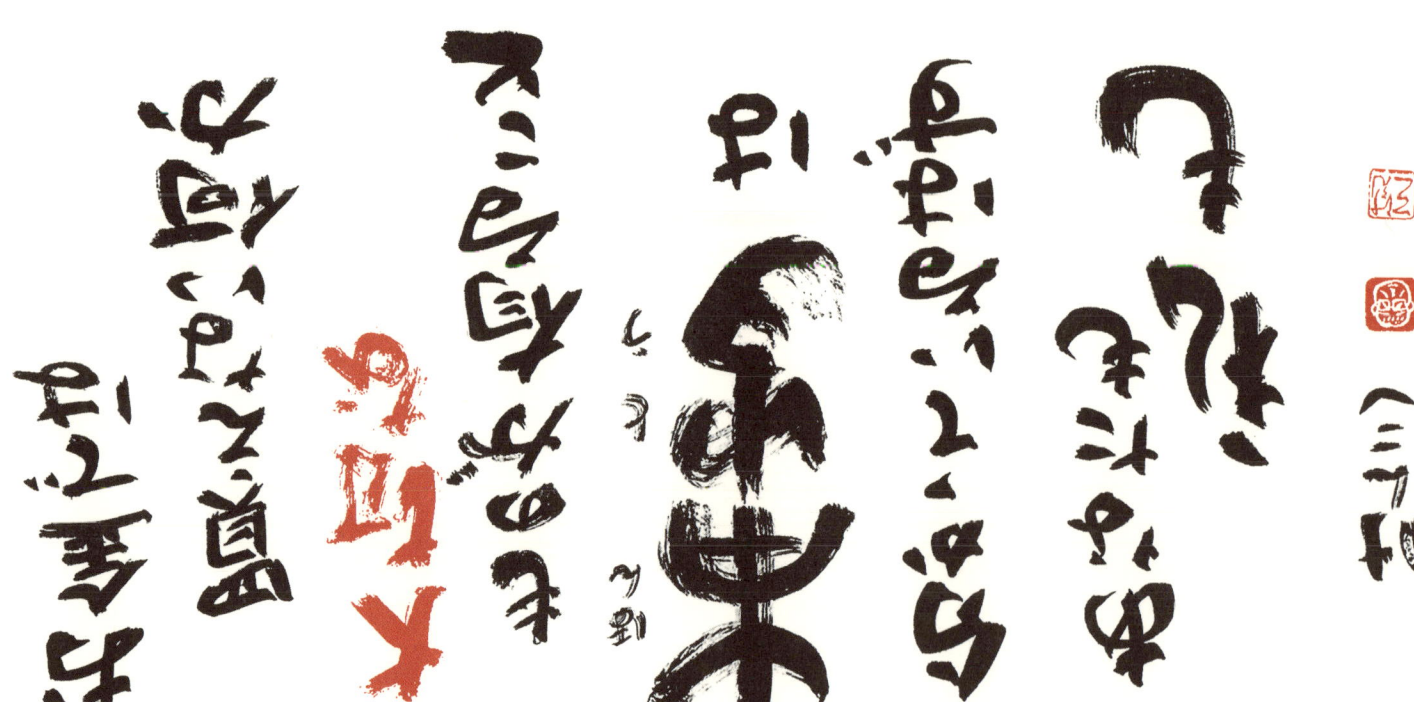

けんぞう

物を求めて
歩けば
物だけしか
与えられない
心を求めて
歩こう
きっと心が
与えられる

けんじ

鬼はぢごくに
おりません
他を憎んで
いる時の
人の心(こころ)に
棲(す)みついてます

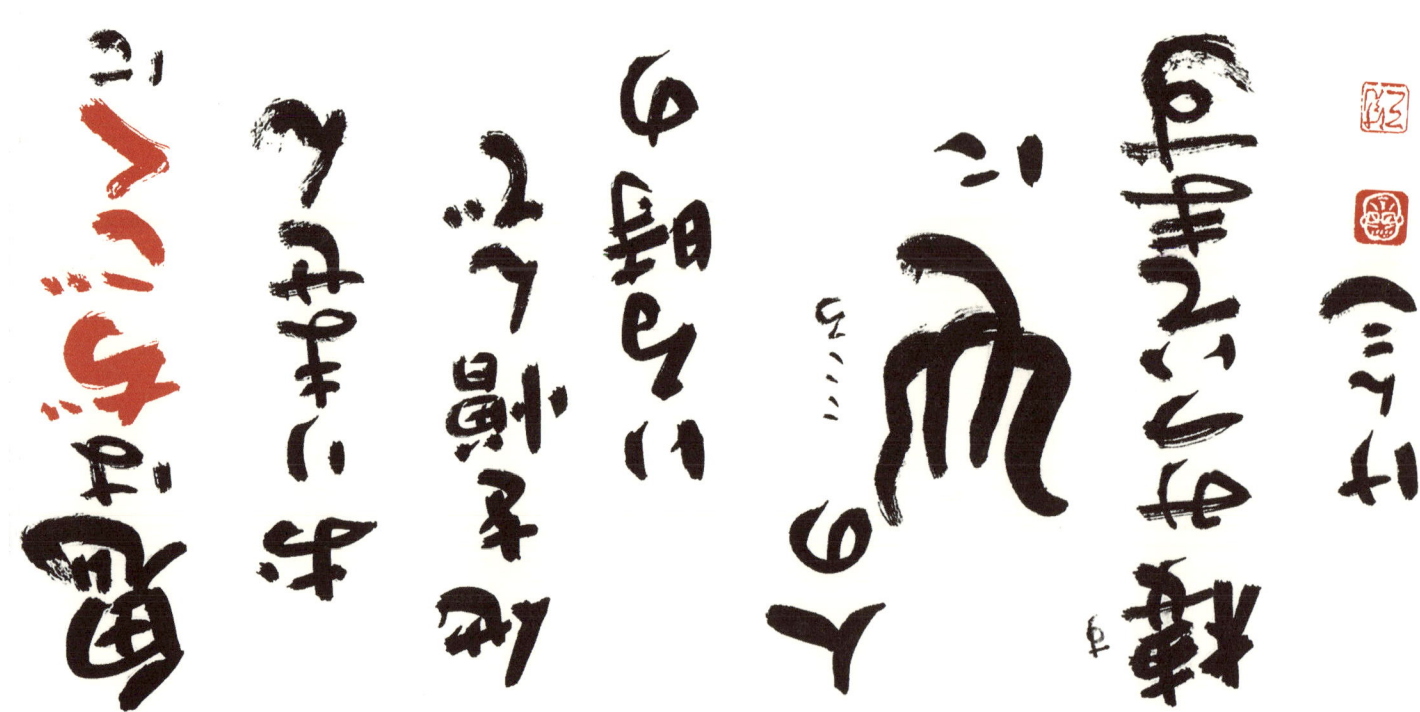

けんこう

出会いって
とってもすてきな
ものなのに
ときどき
粗末(そまつ)に
あつかっている

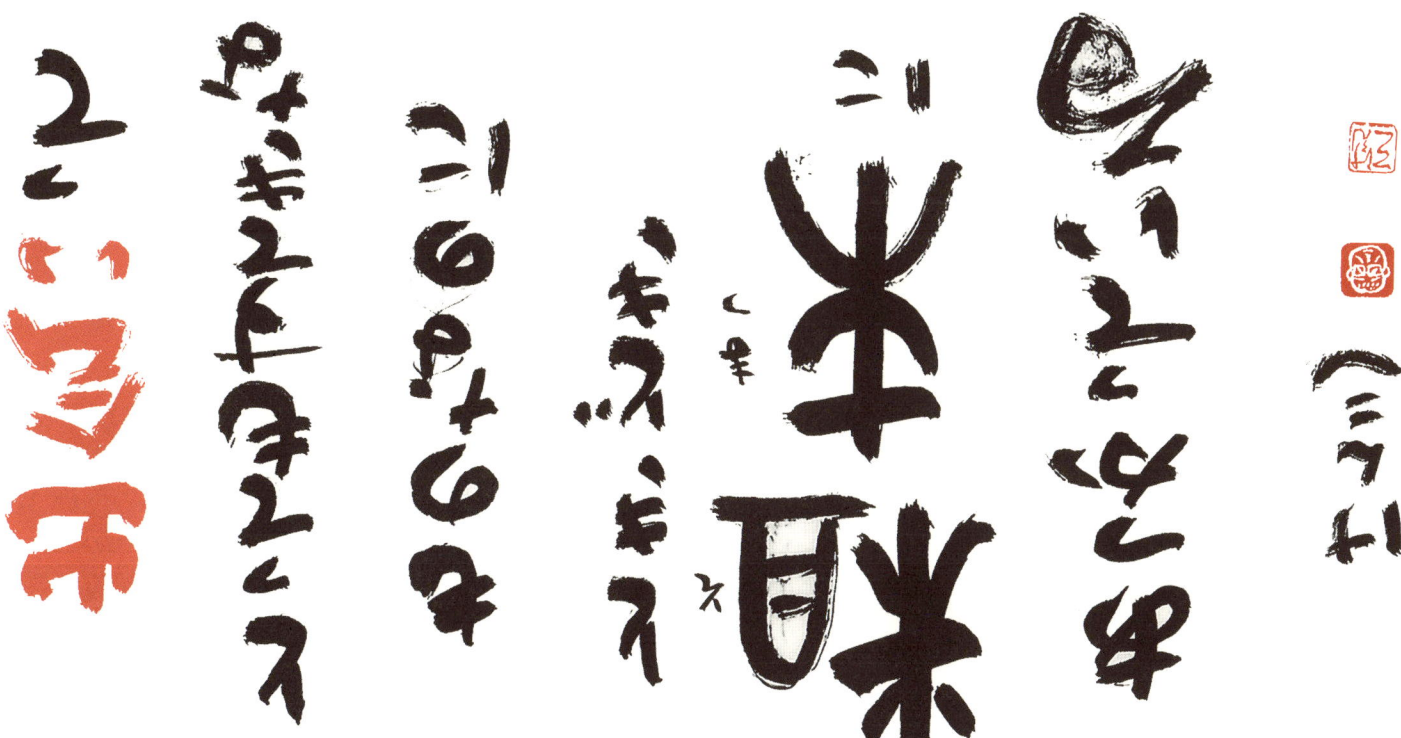

けんぞう

まわりはみんな
良い人ばかり
大事にされて
ありがたいよと
いつもすてきな
えがおのあなた
いいえそれはね

あなたがきっと
まわりをいつも
大事に生きた
良い人だから
お返しを
今（いま）
得てるの
でしょう

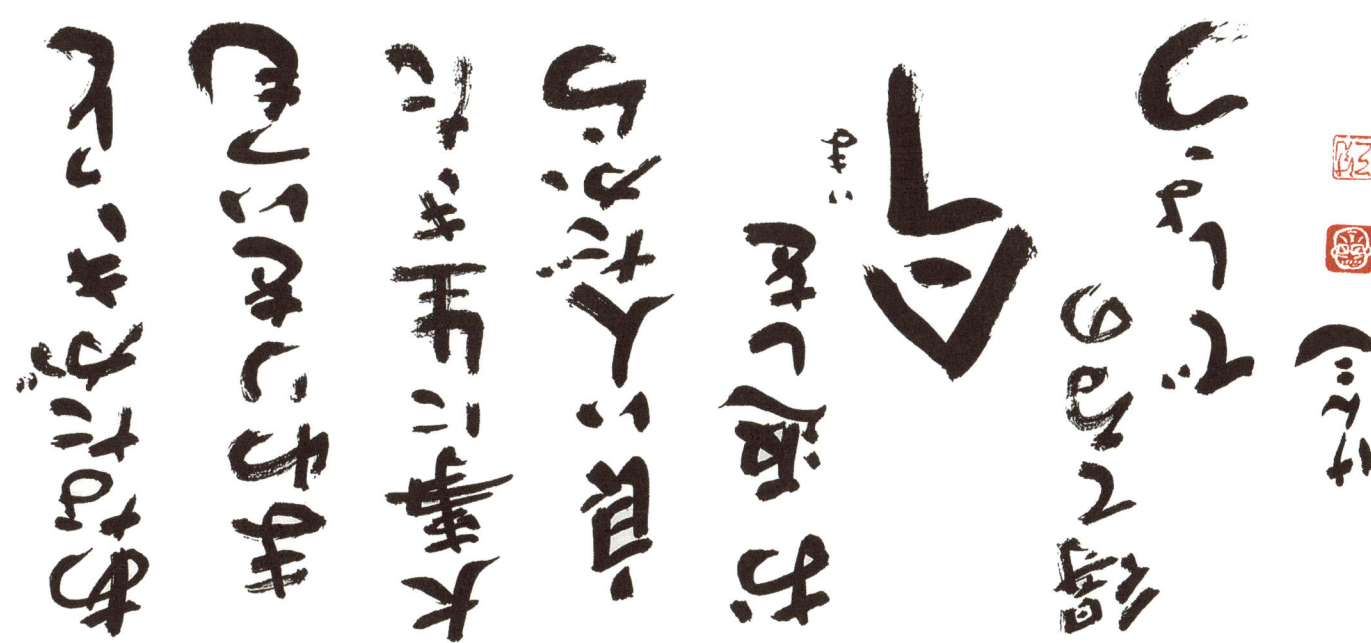

けんじ

ひたむきに

生きてる笑顔の
あなたの
今（いま）を
だれもがみんな
大好きです

けん三

見せてるだろうか
本当の私
見せれる
だろうか
私の全て
けんぞう

がんばって
いるのにどうして
むくわれないかと
思っていたころ
苦(くる)し
かったな
こんなにも

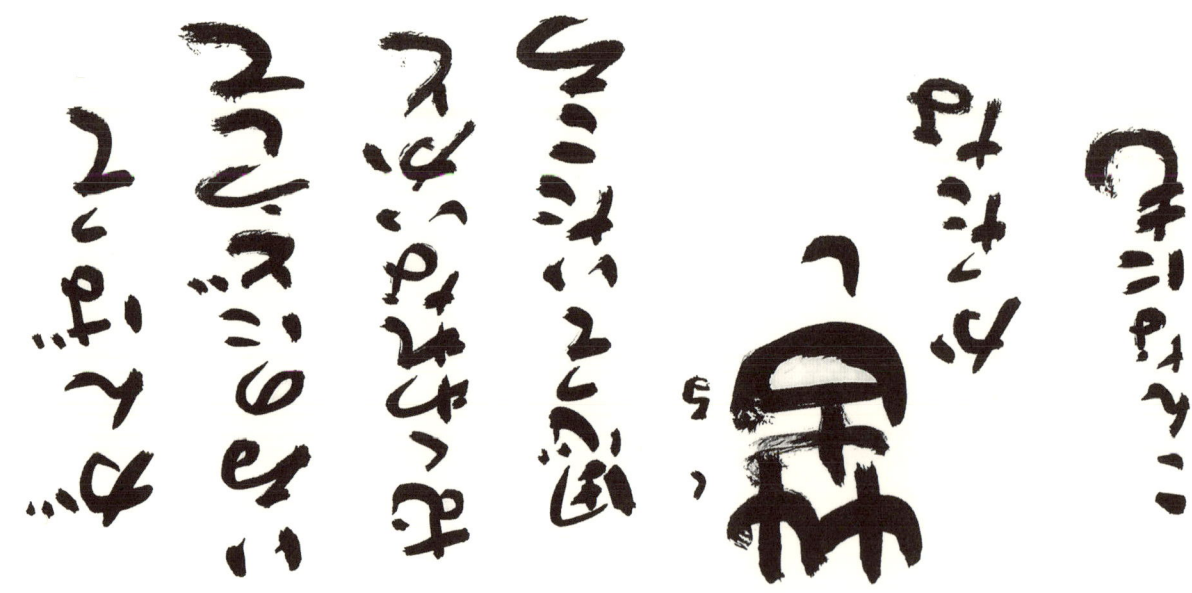

だめな私も
生かされてると
やっと分かって
楽(らく)に
なったなあ

けん三

何もかも本当は
分かって
いながらなおも
こうしてじだらに
生きてると
ふっと思える
時が有る

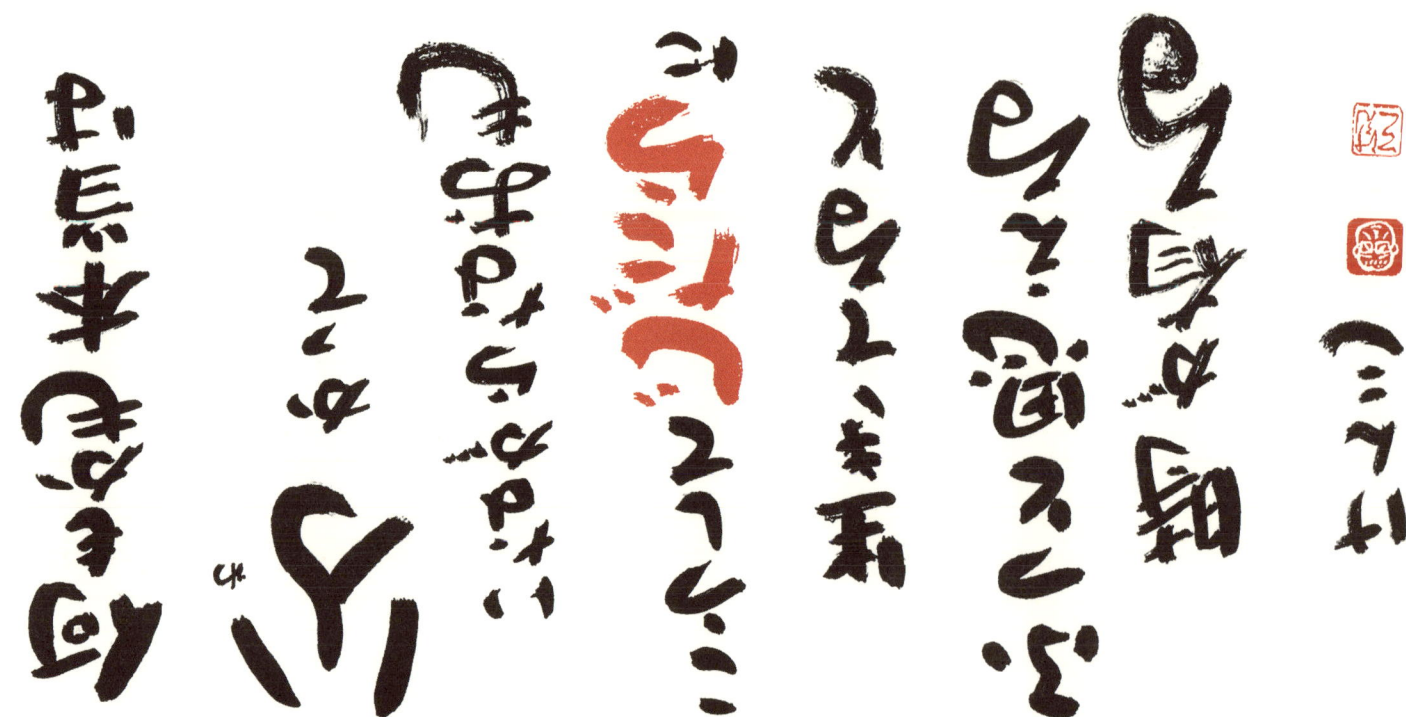

けんじ

やっぱり独りで
生きてはいない
そばに居る
あなたの笑顔に
支えられてる

けんじ

執着は
捨てて
全てに愛着を
持って
生きれば
良いんだね
けんこう

みつけて育てて
みませんか
幸(しあわ)せの
種はしばしば
足元に
そっと置かれて
いるのです

けんじ

強がれば
ひとりで歩く
しかないよ
支え合い
生きよう
弱い
あなたとわたし

けんこ

お年よりと
子どもが
えがおで
生きられる
そんなすてきな
世界を下さい

けん三

なにをくよくよ
なやんでいるの
まらごらん
春には春の
花が咲いてる

けんこ

あきらめないで
歩いて行こう
だれもがみんな
しあわせに
生きる明日は
来ると信じて

けんじ

亡くなった
子の魂が
支えてくれて
いるのでしょう
深く優しい
笑顔のあなた

けんこ

だれもが同じに
がんばらなければ
歩いて行けない
そんな世の中って
なんだか
さびしい

けんぞう

力では心まで
従わせられない
愛で包まれるとき
人は自然に
心を開く

けんじ

切なさは
この心身を
怒りにまかせ
後でしみじみ
省りみる時

けんじ

与えられる
悲しみ苦しみ
すなおに受ける
そんな私に
なれますように

けんぞう

だれからも
好かれだれをも
好きでいる
そんな人には
なれないのかな

けんじ

どれだけ仕事を
こなせるかでなく
どれだけ他に
尽くせるかで
はかられる
人間性が有る

けんこう

べんかいも
じまんもしょせん
人間相手
神仏には
いつもすべてを
見すえられてる

けんこ

天から
与えられたものは
神仏に
お返ししよう
地から
与えられたものは

みんなで
かかちあおう
私のものなど
本来
何一つ
無いんだもの

けんじ

どれほど人を
傷つけて
生きて来たのか
この私
どれほど人を
歓ばせ
生きて行けるか
この私

けん三

好きだと思う
あの人も
嫌だと思う
あの人も
本当は
みなでこの世を
分け合っているね

けんじ

ぐちぼやき
やめにしようよ
私達六月の
緑(みどり)とともに
生かされている

けんぞう

罪の無い
子(こ)らを
泣かせているのは
誰だ
神仏は
むやみに人を
殺しはしません

けんじ

傷つけ合い
殺し合いに
正義など
無い
なれっこに
なっては
いけない
人間ならば

けんこ

生まれてくる
すべての子が
のぞまれ
愛され
よろこばれる
そんな
平和(へいわ)な
世界を
ください

けんこう

豊かに実った麦が
早く刈ってねと
⊙（ひ）ざしの中で
輝いている
わたしたち七月に
生かされている

けんこ

悲しい時こそ
ねえ あなた
まずは笑顔が
まわりの皆へ
幸(しあわ)せ
広げて
行くのです

けんぞう

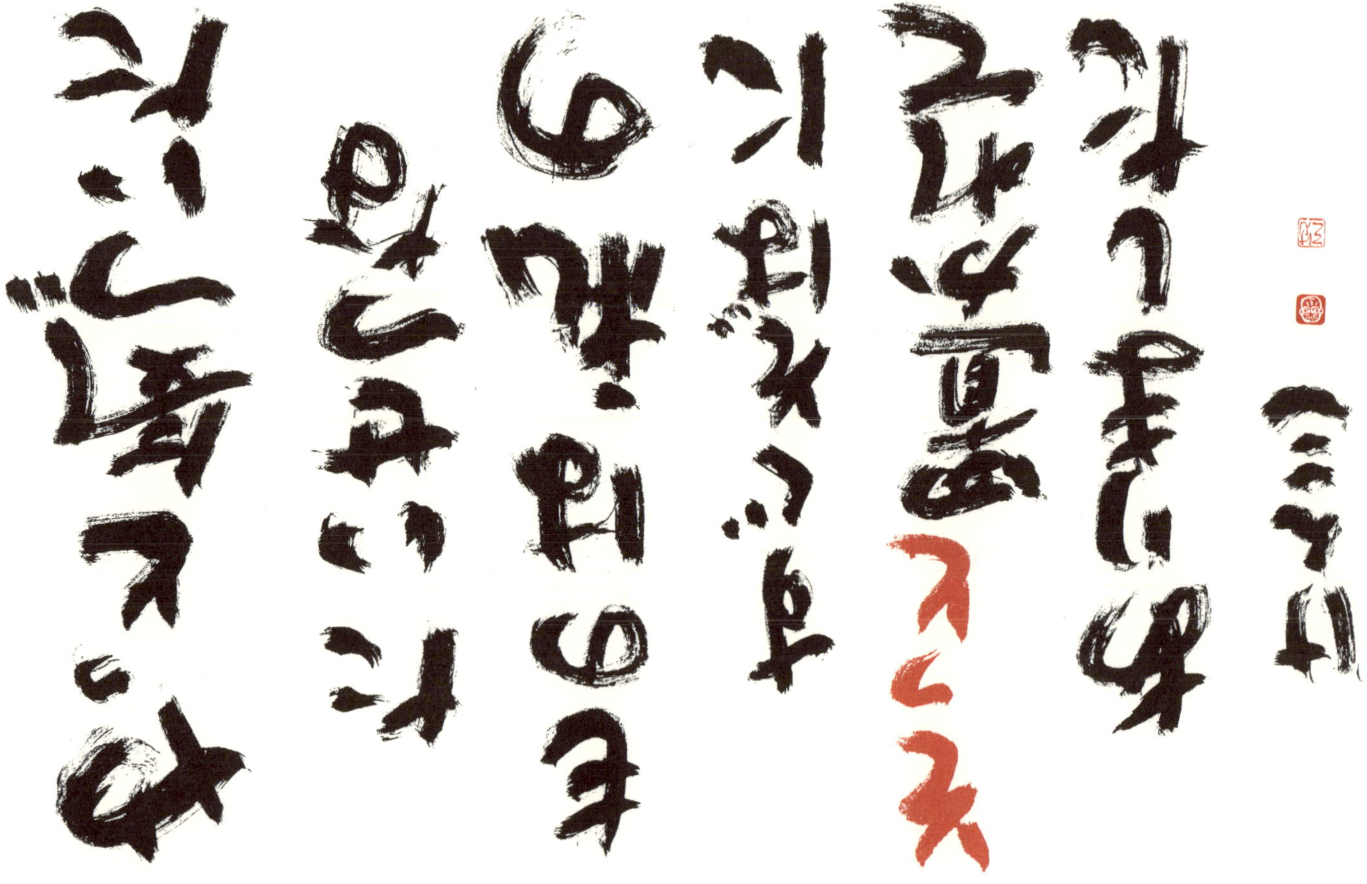

無差別に
人を殺して
戦勝を
喜んでいる
あなた達に
愛する家族は
いないのだろうか

けん三

母親が
笑顔の時は
家中嬉しい
母親が
泣いてる時は
家中悲しい
やっぱり母は
太陽だ

けんじ

おおげさで
なくて良いよね
私の人生
ささやかな
楽しみ一つ
抱いて
行ければ
けんぞう

ただ あゆむ
だけでせつない
ときもある
休んでください
すこしだけ
あなたのこかげは
ほら
そこにある

けんこ

他のために
尽くせば
自分も
元気になれる
ほんとだよ

けんじ

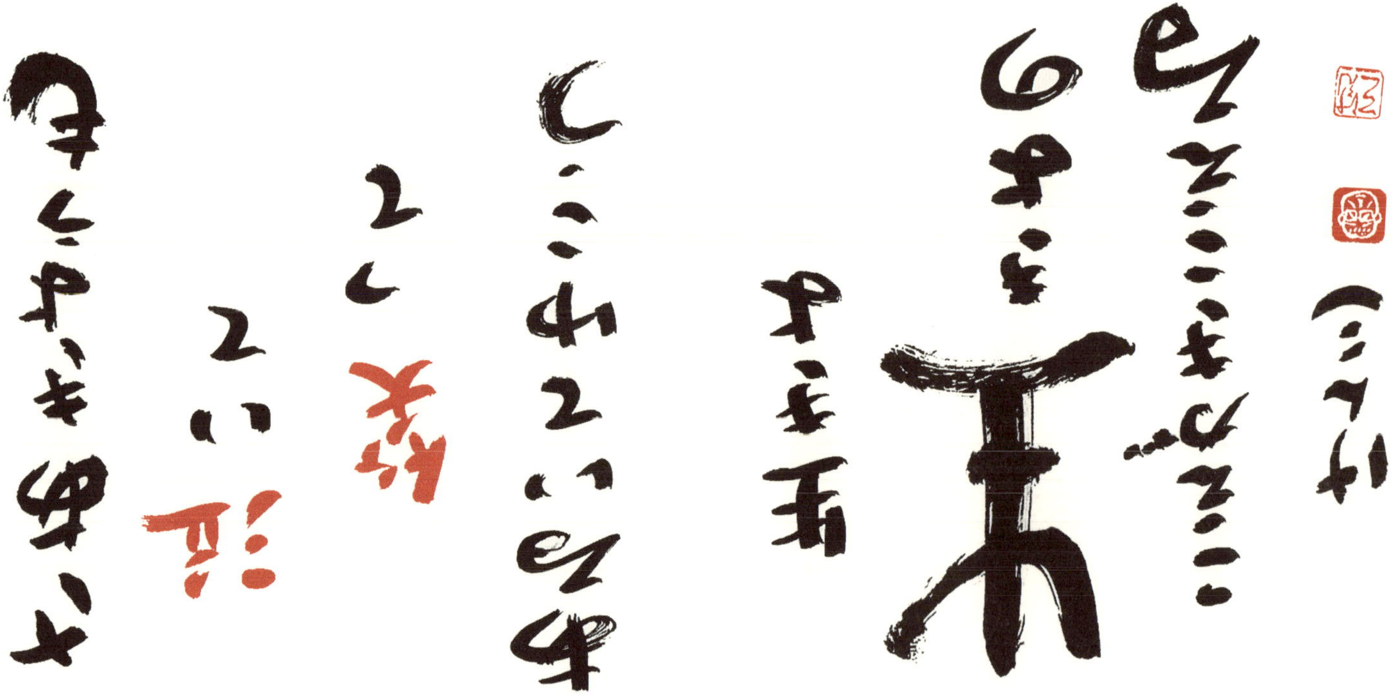

こころよわいときも
あるから
人間だよね

心
ゆれる
ときもあるから
人間だよね

休んだらよいよ
泣いてもよいよ
ちょっとだけなら

けんじ

武力で
もたらされる
みせかけの
平和と安定の
かげではいつも
しいたげられ
傷つけられて
泣いている

か弱く貧しい
人達が
いることを
忘れないで
ください
あなた

けんじ

やっぱりさみしい
ひとりでは
人間だから
人の間で
生きて
行きたい

けん三

性の売り買いは
とっても悲しいこと
性と
いう字は
心を生きると
書くのです

けん三

やさしい人でも
心のうちに
きびしさ秘めて
いるように
こわい人でも
心の奥に
やさしさかくして
いるんだね

けんじ

これ以上
がんばらないで
くださいあなた
精(せい)一杯
歩いてここまで
来たんですから

けんぞう

好きな人にだけ
やさしくしては
なかったか
好いてくれる人にだけ
笑顔を見せては
なかったか
一日の
終わりにそっと
思います

けんじ

打算 計算
ほんとは やめたい
愛(あい)する心と
やさしさだけで
生きてゆきたい
だれもが みんな

けんこ

強さで人を
傷つけるより
弱いまま
やさしく生きよう
あなたと私

けんぞう

うばい合うより
分け合うほうが
すてきな
何かを
えられる事に
やっと気づいて
楽になったよ

けんじ

神佛を
感じられる
ようになって
何か良いことが
有りましたかと
問い正す人には
こう答えよう

とんでもない
神仏を
感じられること
そのものが
幸せ
なのです
それ以上
なにが
必要でしょうかと

けんこう

やわらかな
○（ひ）ざしの中で
こすもすは
こすもすの
私は 私の
それぞれの秋を
歓んでいる

けん三

うらんだり

ねたんでる時
私(わたし)って
きっと
みにくい顔を
してるんだろうな

けん三

母という字の
てんてんは
ちぶさのしるし
いまでも
たくさんの

母が
わが子を
ひたむきに
はぐくんでいる

けんじ

出会えた
ことで
世の中が
すてきになったと
心から
言える
互いで
ありたいね

けんじ

見つめ合い
歩む月日（つきひ）が
作るのでしょう
仲の良い
夫婦の顔は
どこか似ている

けん三

晩秋には
晩秋の色
しみじみ満ちて
山峡に
からまつと私が
生かされている

けんじ

ふしぎだなあ
神仏ではなく
この世(よ)での
強者と呼ばれる
人間たちが
向かかってに
善悪を決めてる

けん三

求められれば
熱い心で
どこまでも行こう
こばまれたなら
未練残さず
身を
引けばいい

そんなふうに
生きられたなら
すてき
だとは
思いませんか

けんじ

〈著者プロフィール〉

けん三〔下田　憲（しもだ　けん）〕

1947年埼玉県生まれ。長崎県佐世保市で育つ。高校卒業後、約10カ月間西日本を放浪。翌年北海道大学医学部入学。大学紛争期を経て、74年卒業。4年間の研修の後、78年から5年間、離島の公立病院勤務。病院の再興を果たし、83年北海道の過疎地の公的病院へ。更に96年、無医地区となった南富良野町の町立診療所へ。

この間、東洋医学と心療内科を双軸とする独自の診療形態を確立する一方、墨書で言霊をしたため始め、2000年には、常設展示館「けん三のことば館」を開設。2004年には、これをそのままクリニックに改修し独立。現在に至る。

既著、「地域をつむぐ医の心」(共著)「ちゃんとこうして生かされている」他、東洋医学関連の共著。

また2種類の日めくりことば集「いっしょに生きるって　素敵だよ」「そのままの自分が良いね貴方と私」は、ことば館クリニックで直売している。

北海道空知郡南富良野町字幾寅617-22
けん三のことば館クリニック
TEL　0167-52-2424　FAX　0167-52-2752

生きよ生きよのこえがきこえる

2007年7月20日　第1版発行
2010年7月23日　第1版第2刷発行
2011年2月1日　第2版発行

定価はカバーに表示してあります。

著　者　けん三（下田　憲）
発行者　羽田直仁
発行所　みずほ出版新社　株式会社
〒162-0041　東京都新宿区早稲田鶴巻町554
電話　03-5155-9515
FAX　03-5272-5075

発　売　㈱日興企画　電話　03(3543)1050
FAX　03(3543)1288

印　刷
製　本　藤原印刷株式会社

Printed in Japan

ISBN978-4-88877-904-3